Impressum
Verlag: BABADADA GmbH, Nedderfeld 112 , 22529 Hamburg
Geschäftsführer / Verlagsleitung: Harald Hof
Druck: Books on Demand GmbH, In de Tarpen 42, 22848 Norderstedt

Imprint
Publisher: BABADADA GmbH, Nedderfeld 112 , 22529 Hamburg, Germany
Managing Director / Publishing direction: Harald Hof
Print: Books on Demand GmbH, In de Tarpen 42, 22848 Norderstedt, Germany

escola
escuela

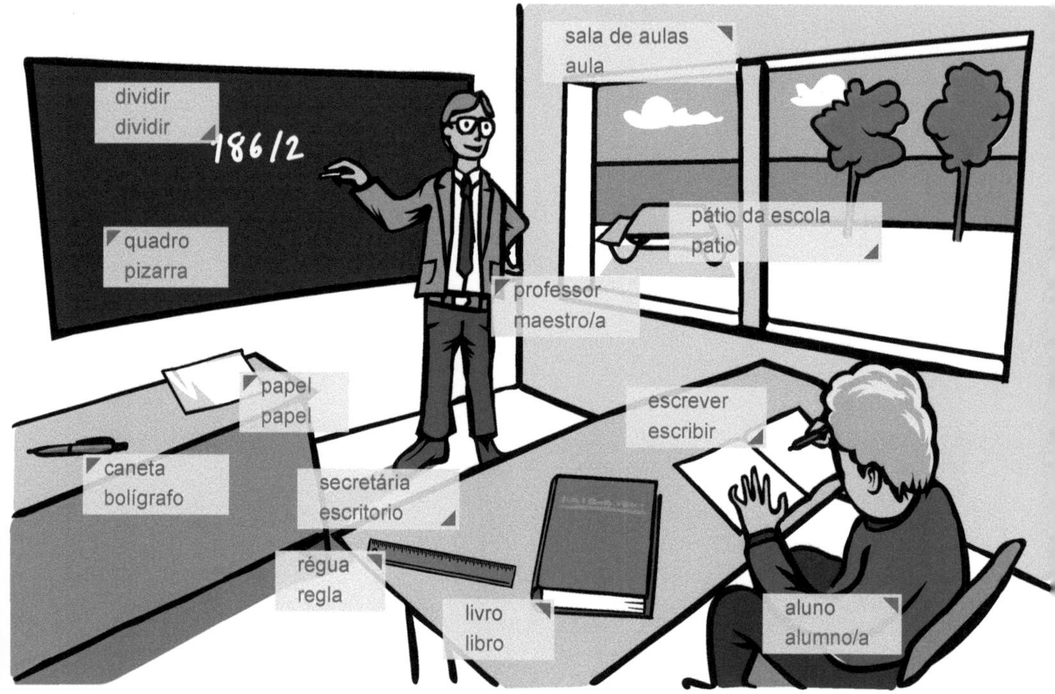

sala de aulas
aula
dividir
dividir
186/2
quadro
pizarra
pátio da escola
patio
professor
maestro/a
papel
papel
escrever
escribir
caneta
bolígrafo
secretária
escritorio
régua
regla
livro
libro
aluno
alumno/a

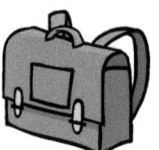

mochila

cartera

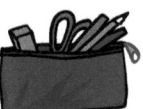

estojo de lápis

caja de lápices

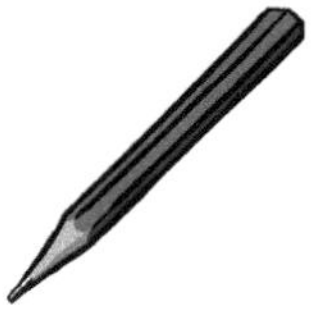

lápis

lápiz

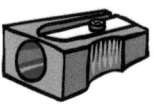

afia-lápis

sacapuntas

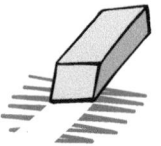

borracha

goma de borrar

bloco de desenho

cuaderno de dibujo

desenho
dibujo

pincel
pincel

caixa de tintas
caja de pinturas

tesoura
tijeras

cola
pegamento

livro de exercícios
cuaderno de ejercicios

trabalhos de casa
deberes

número
número

somar
sumar

subtrair
restar

multiplicar
multiplicar

calcular
calcular

letra
letra

alfabeto
alfabeto

palavra
palabra

texto
....
texto

ler
....
leer

giz
....
tiza

hora
....
lección

registo de presenças
....
cuaderno de notas

exame
....
examen

certificado
....
certificado

uniforme escolar
....
uniforme escolar

educação
....
educación

enciclopédia
....
enciclopedia

universidade
....
universidad

microscópio
....
microscopio

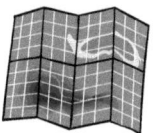

mapa
....
mapa

cesto de lixo
....
papelera

escola - escuela

viagem

viaje

hotel
hotel
Grand
hostel
albergue
ROOMS
CHANGE
casa de câmbio
oficina de cambio de divisas
mala
maleta
carro
coche

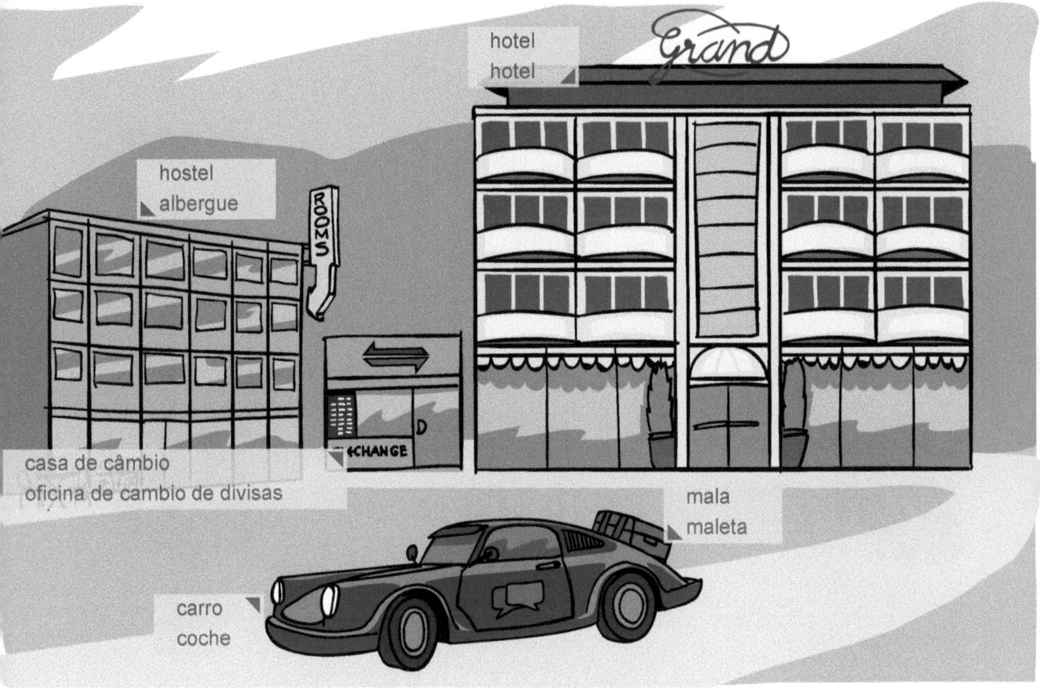

idioma

idioma

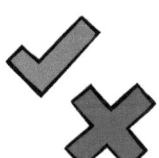

sim / não

sí / no

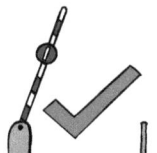

ok / certo / correto

Vale

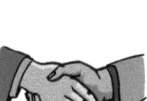

olá

hola

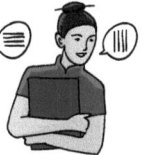

intérprete

traductor

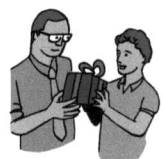

obrigado

Gracias

quanto é que custa... ?

¿cuánto es...?

não entendo

No entiendo

problema

problema

boa noite!

¡Buenas tardes!

Bom dia!

¡Buenos días!

Boa noite!

¡Buenas noches!

adeus

adiós

direção

dirección

bagagem

equipaje

saco

bolsa

mochila

mochila

convidado

invitado

quarto

habitación

saco-cama

saco de dormir

tenda

tienda de campaña

informação turística

información turística

praia

playa

cartão de crédito

tarjeta de crédito

pequeno-almoço

desayuno

almoço

almuerzo

jantar

cena

bilhete

billete

elevador

ascensor

selo postal

sello

fronteira

frontera

alfândega

aduana

embaixada

embajada

visto

visa

passaporte

pasaporte

viagem - viaje

transporte

transporte

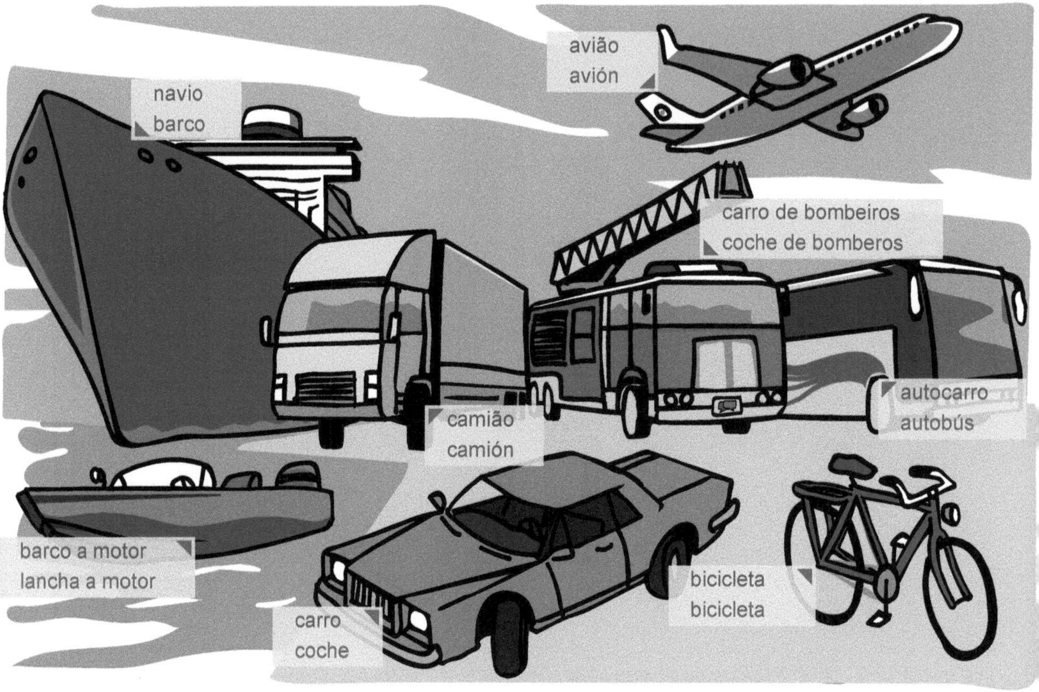
avião
avión
navio
barco
carro de bombeiros
coche de bomberos
autocarro
autobús
camião
camión
barco a motor
lancha a motor
bicicleta
bicicleta
carro
coche

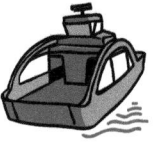

cacilheiro

transbordador

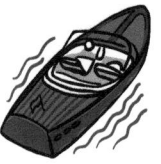

barco

barca

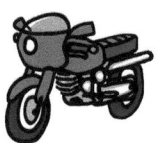

mota

moto

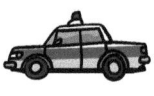

carro de polícia

coche de policía

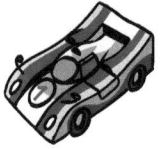

carro de corrida

coche de carreras

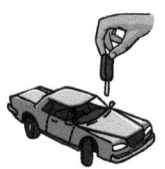

carro alugado

coche de alquiler

carsharing

préstamo de vehículos

camião de reboque

grúa

camião do lixo

camión de la basura

motor

motor

combustível

gasolina

estação de serviço

gasolinera

sinal de trânsito

señal de tráfico

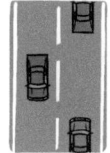

trânsito

tráfico

congestionamento de trânsito

atasco

parque de estacionamento

aparcamiento

estação ferroviária

estación de tren

carris

vías

comboio

tren

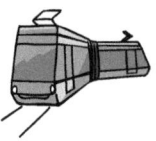

elétrico

tranvía

carruagem

vagón

helicóptero
helicóptero

aeroporto
aeropuerto

torre
torre

passageiro
pasajero

contentor
contenedor

caixa de papelão
caja de cartón

carrinho
carretilla

cesto
cesta

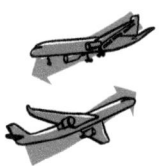

levantar voo / aterrar
despegar / aterrizar

cidade

ciudad

aldeia
pueblo

centro da cidade
centro de ciudad

casa
casa

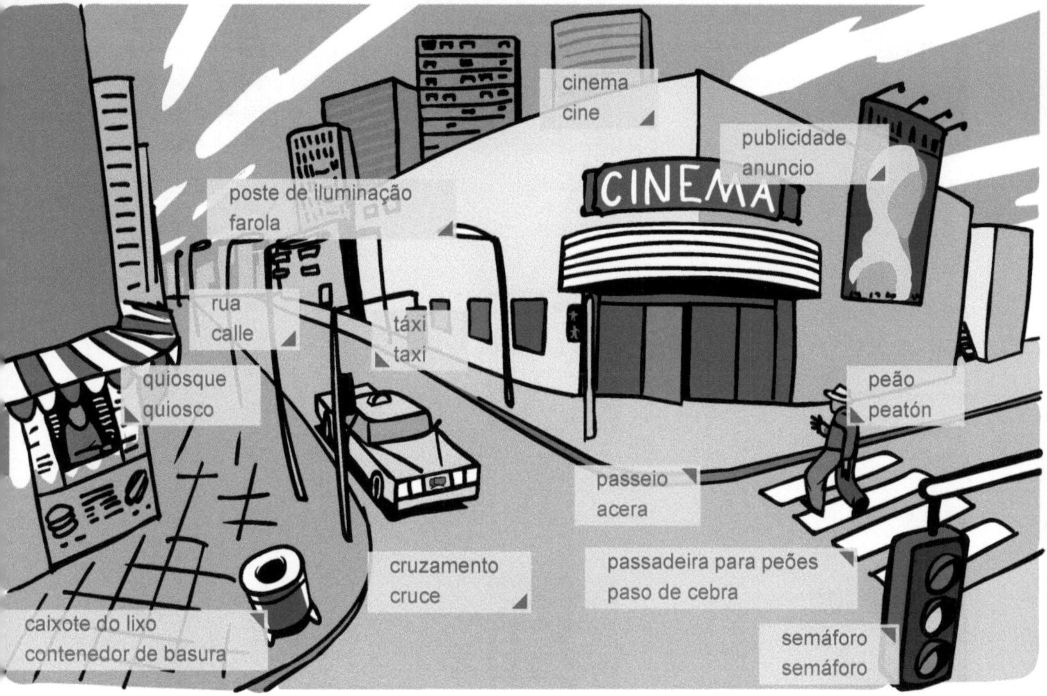

cinema
cine

publicidade
anuncio

poste de iluminação
farola

CINEMA

rua
calle

táxi
taxi

quiosque
quiosco

peão
peatón

passeio
acera

cruzamento
cruce

passadeira para peões
paso de cebra

caixote do lixo
contenedor de basura

semáforo
semáforo

cabana
cabaña

apartamento
apartamento

estação ferroviária
estación de tren

câmara municipal
ayuntamiento

museu
museo

escola
escuela

universidade

universidad

banco

banco

hospital

hospital

hotel

hotel

farmácia

farmacia

escritório

oficina

livraria

librería

loja

tienda

florista

floristería

supermercado

supermercado

mercado

mercado

loja de departamentos

grandes almacenes

peixaria

pescadería

centro comercial

centro comercial

porto

puerto

parque
parque

banco
banco

ponte
puente

escadas
escaleras

metro
metro

túnel
túnel

paragem de autocarro
parada de autobús

bar
bar

restaurante
restaurante

caixa de correio
buzón

sinal de trânsito
poste indicador

parquímetro
parquímetro

jardim zoológico
zoo

piscina
piscina

mesquita
mezquita

quinta
granja

poluição
contaminación

cemitério
cementerio

igreja
iglesia

parque infantil
patio de juego

templo
templo

paisagem
paisaje

folha
hoja

placa de sinalização
señal

caminho
camino

prado
prado

pedra
piedra

caminhantes
excursionista

árvore
árbol

rio
río

relva
hierba

flor
flor

vale
valle

montanha
colina

lago
lago

floresta
bosque

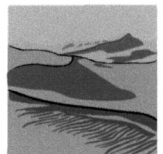

deserto
desierto

vulcão
volcán

castelo
castillo

arco-íris
arcoíris

cogumelo
champiñón

palma
palmera

mosquito
mosquito

mosca
mosca

formiga
hormiga

abelha
abeja

aranha
araña

paisagem - paisaje

besouro

escarabajo

sapo

rana

esquilo

ardilla

ouriço

erizo

lebre

liebre

coruja

lechuza

pássaro

pájaro

cisne

cisne

javali

jabalí

veado

ciervo

alce

alce

barragem

presa

turbina eólica

turbina eólica

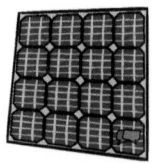

painel solar

panel solar

clima

clima

restaurante

restaurante

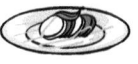

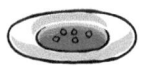

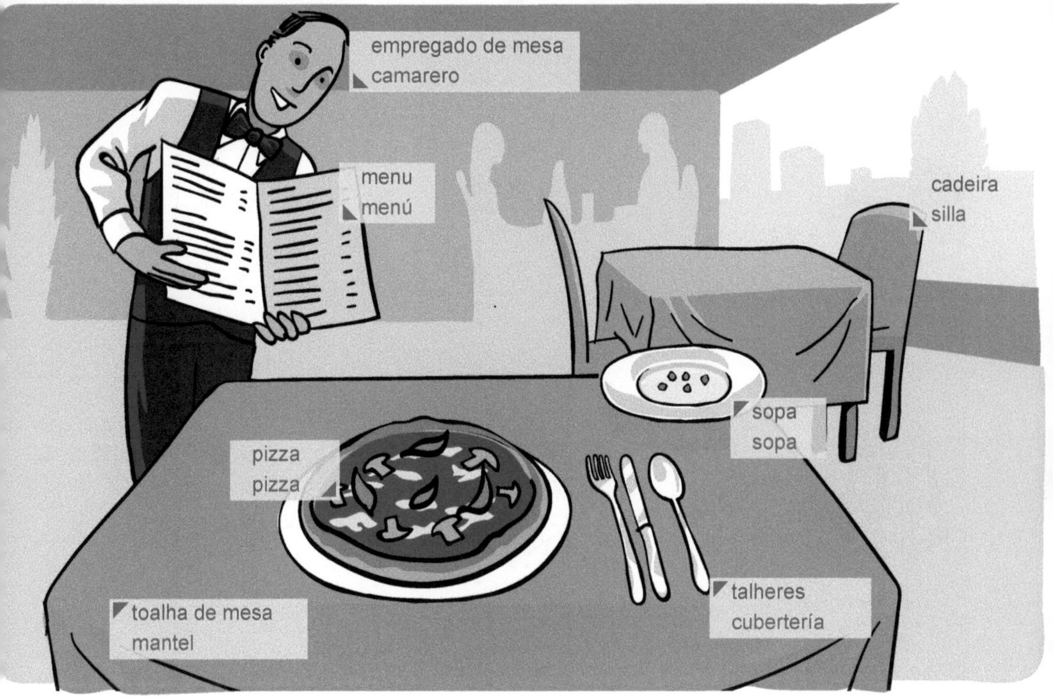
empregado de mesa
camarero
menu
menú
cadeira
silla
sopa
sopa
pizza
pizza
talheres
cubertería
toalha de mesa
mantel

entrada

primer plato

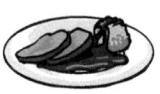

prato principal

plato principal

sobremesa

postre

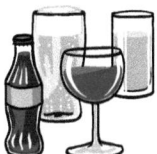

bebidas

bebidas

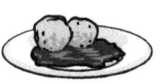

comida

comida

garrafa

botella

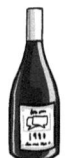

fast food
comida rápida

comida de rua
comida callejera

bule de chá
tetera

açucareiro
azucarero

porção
porción

máquina de café expresso
cafetera expreso

cadeira alta
trona

conta
cuenta

bandeja
bandeja

faca
cuchillo

garfo
tenedor

colher
cuchara

colher de chá
cucharilla

guardanapo
servilleta

copo
vaso

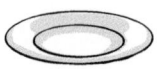

prato
plato

prato de sopa
plato hondo

pires
platillo

molho
salsa

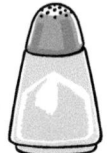

saleiro
salero

moinho de pimenta
molinillo de pimienta

vinagre
vinagre

óleo
aceite

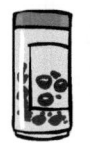

especiarias
especias

ketchup
ketchup

mostarda
mostaza

maionese
mayonesa

supermercado
supermercado

oferta especial
oferta especial
FOR
cliente
cliente
laticínios
lácteos
fruta
fruta
carrinho de compras
carro de la compra

BUTCHERS

talho

carnicería

BAKERY

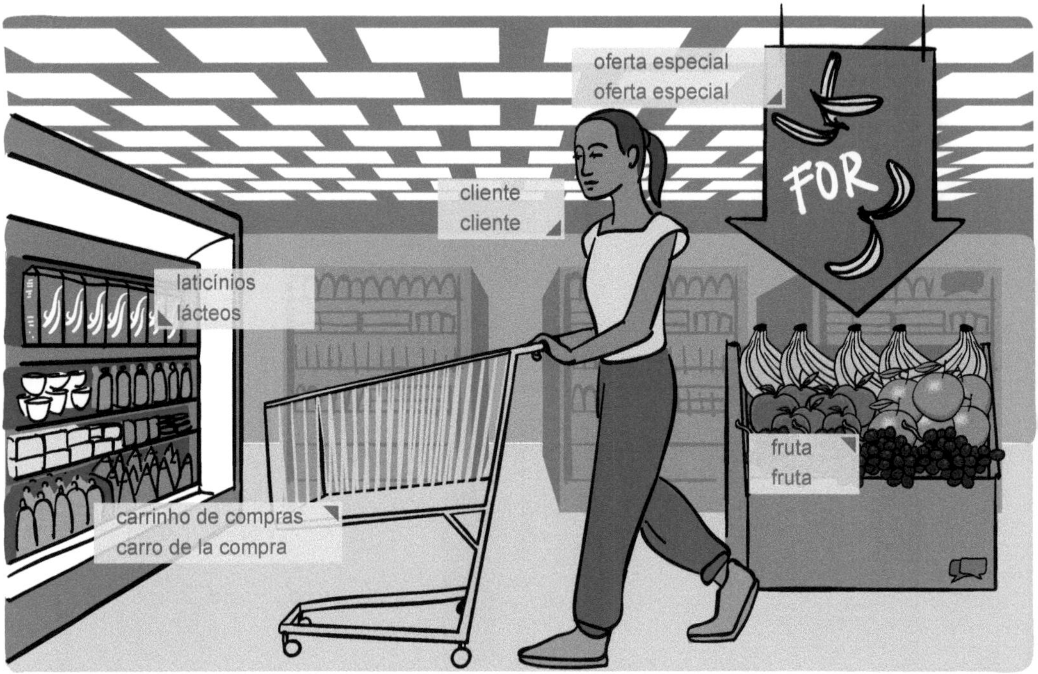

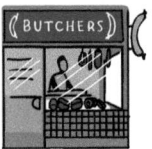

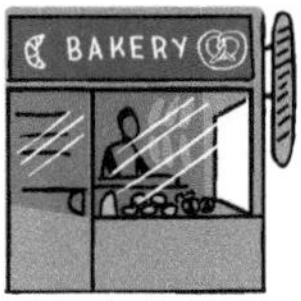

padaria

panadería

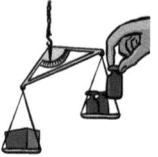

pesar

pesar

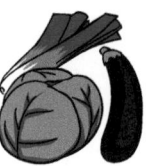

vegetais

verduras

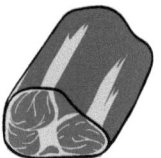

carne

carne

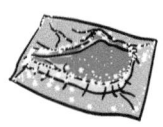

alimentos congelados

alimentos congelados

charcutaria
fiambres

comida enlatada
conservas

detergente em pó
detergente en polvo

doces
dulces

artigos domésticos
productos de uso doméstico

produtos de limpeza
productos de limpieza

vendedora
vendedora

caixa
caja

caixa
cajero

lista de compras
lista de la compra

horário de funcionamento
horario de atención al
público

carteira
cartera

cartão de crédito
tarjeta de crédito

saco
bolsa

saco de plástico
bolsa de plástico

bebidas

água
agua

sumo
zumo

leite
leche

coca-cola
cola

vinho
vino

cerveja
cerveza

álcool
alcohol

cacau
cacao

chá
té

café
café

café expresso
expreso

capuccino
capuchino

banana

plátano

maçã

manzana

laranja

naranja

melão

melón

limão

limón

cenoura

zanahoria

alho

ajo

bambu

bambú

cebola

cebolla

cogumelo

champiñón

nozes

avellanas

talharim

fideos

esparguete

espagueti

arroz

arroz

salada

ensalada

batatas fritas

patatas fritas

batatas fritas

patatas fritas

pizza

pizza

hambúrguer

hamburguesa

sanduíche

sándwich

bife panado

filete

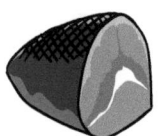

fiambre

jamón

salame

salami

salsicha

salchicha

galinha

pollo

assado

asado

peixe

pescado

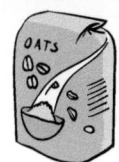

flocos de aveia

copos de avena

muesli

muesli

flocos de milho

copos de maíz

farinha

harina

croissant

cruasán

carcaça (pãozinho)

panecillo

pão

pan

torrada

tostada

biscoitos

galletas

manteiga

mantequilla

requeijão

cuajada

bolo

pastel

ovo

huevo

ovo estrelado

huevo frito

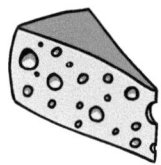

queijo

queso

comida - comida

gelado
helado

açúcar
azúcar

mel
miel

compota
mermelada

creme de nougat
crema de turrón

caril
curry

quinta
granja

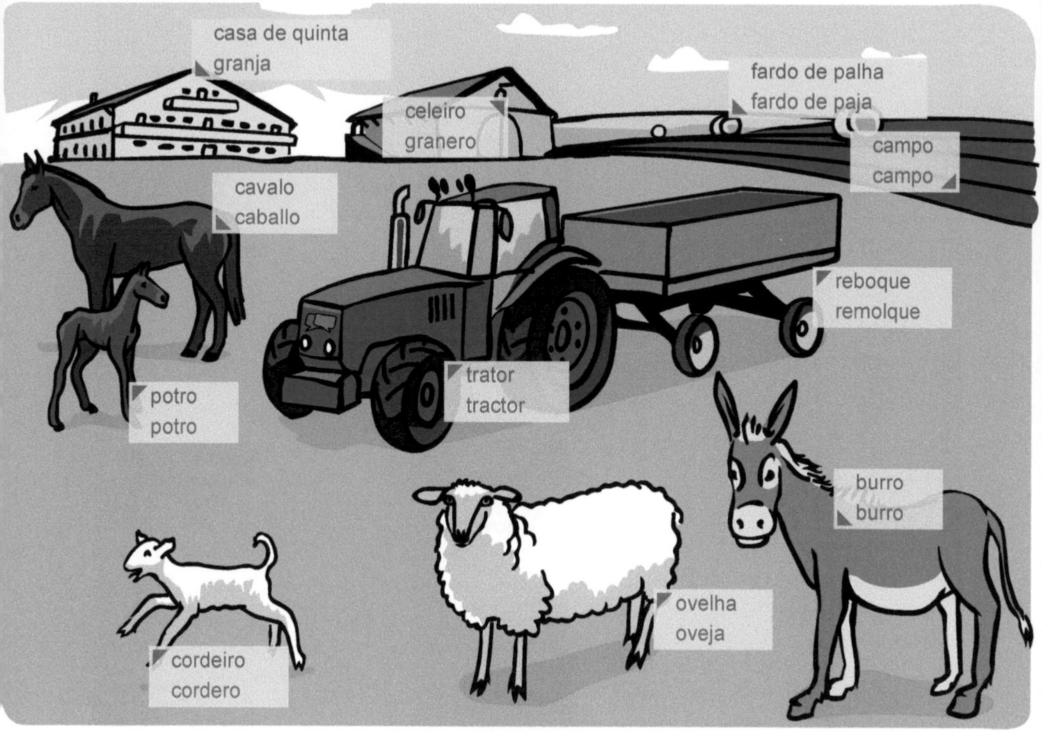
casa de quinta
granja
celeiro
granero
fardo de palha
fardo de paja
campo
campo
cavalo
caballo
reboque
remolque
trator
tractor
potro
potro
burro
burro
ovelha
oveja
cordeiro
cordero

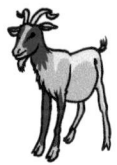

cabra
cabra

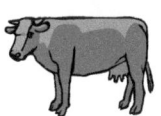

vaca
vaca

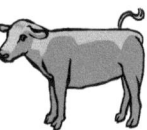

bezerro
ternero

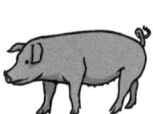

porco
cerdo

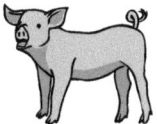

leitão
cerdito

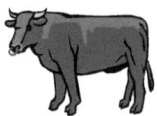

touro
toro

ganso

ganso

pato

pato

pintaínho

pollo

galinha

gallina

galo

gallo

ratazana

rata

gato

gato

rato

ratón

boi

buey

cão

perro

casota

perrera

mangueira de jardim

manguera

regador

regadera

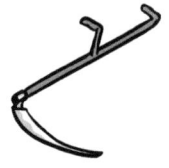

foice

guadaña

arado

arado

foice

hoz

enxada

azada

forquilha

horca

machado

hacha

carrinho de mão

carretilla

manjedoura

abrevadero

jarro de leite

lechera

saco

saco

cerca

valla

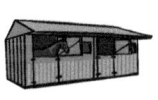

estábulo

establo

estufa

invernadero

solo

suelo

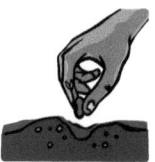

semente

semilla

fertilizante

fertilizador

ceifeira-debulhadora

cosechadora

colher

cosechar

colheita

cosecha

inhame

ñame

trigo

trigo

soja

soja

batata

patata

milho

maíz

colza

semilla de colza

árvore de fruto

árbol frutal

mandioca

mandioca

cereais

cereales

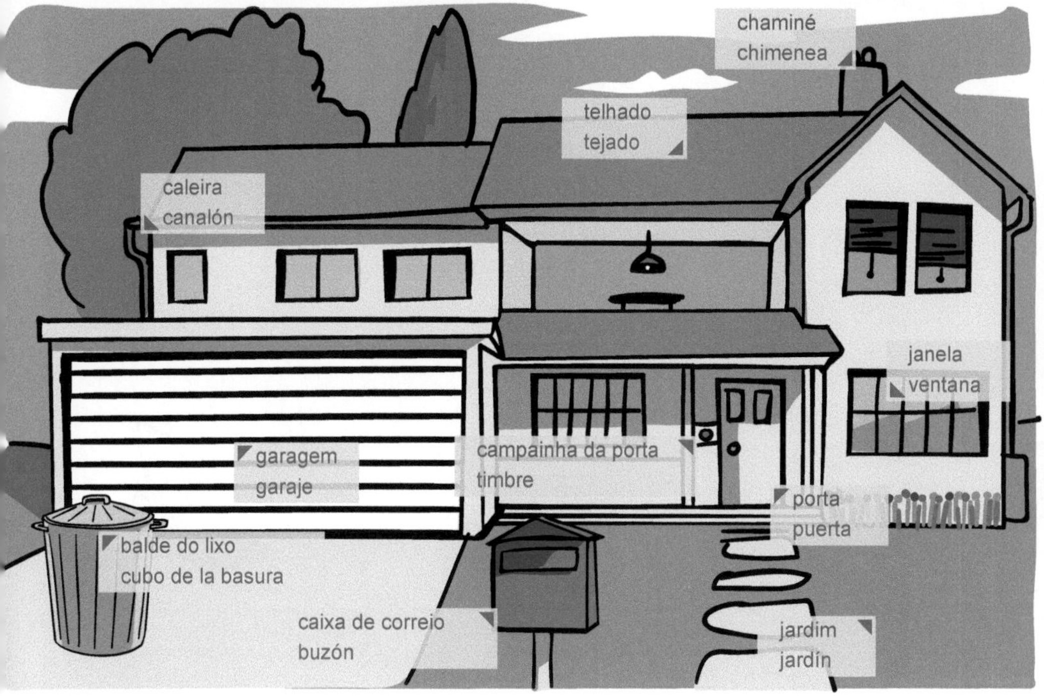

chaminé
chimenea

telhado
tejado

caleira
canalón

janela
ventana

garagem
garaje

campainha da porta
timbre

porta
puerta

balde do lixo
cubo de la basura

caixa de correio
buzón

jardim
jardín

sala de estar

sala

casa de banho

cuarto de baño

cozinha

cocina

quarto de dormir

dormitorio

quarto de criança

habitación de los niños

sala de jantar

comedor

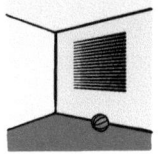

chão
suelo

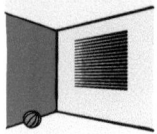

parede
pared

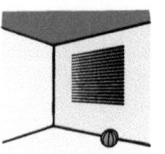

teto
techo

cave
sótano

sauna
sauna

varanda
balcón

terraço
terraza

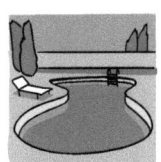

piscina
piscina

máquina de cortar relvado
cortacésped

lençol
sábana

cobertor
colcha

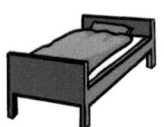

cama
cama

vassoura
escoba

balde
balde

interruptor
interruptor

sala de estar

sala

papel de parede
papel pintado
imagem
imagen
lâmpada
lámpara
prateleira
estante
armário
armario
televisão
televisión
lareira
chimenea
flor
flor
almofada
cojín
sofá
sofá
vaso
jarrón
controlo remoto
mando a distancia

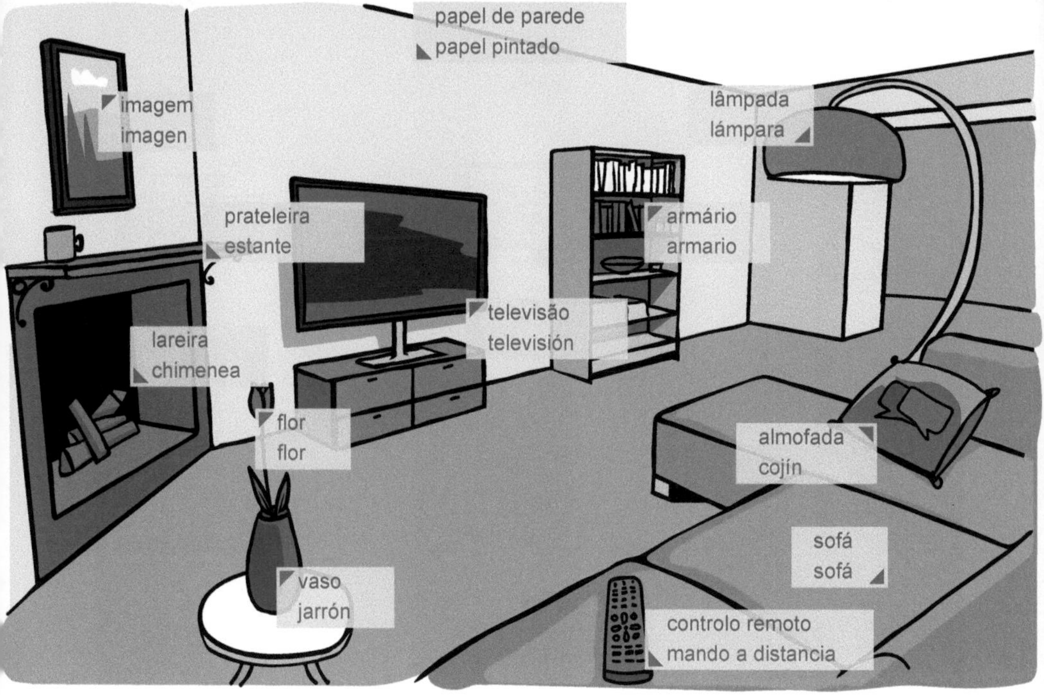

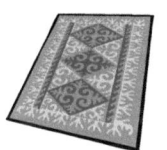

tapete
alfombra

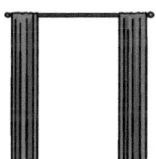

cortina
cortina

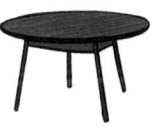

mesa
mesa

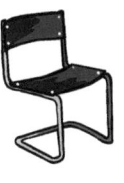

cadeira
silla

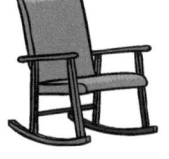

cadeira de baloiço
mecedora

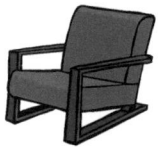

poltrona
butaca

livro
libro

cobertor
manta

decoração
decoración

lenha
leña

filme
película

sistema estéreo
equipo de música

chave
llave

jornal
periódico

pintura
pintura

póster
póster

rádio
radio

bloco de notas
cuaderno

aspirador
aspiradora

cato
cactus

vela
vela

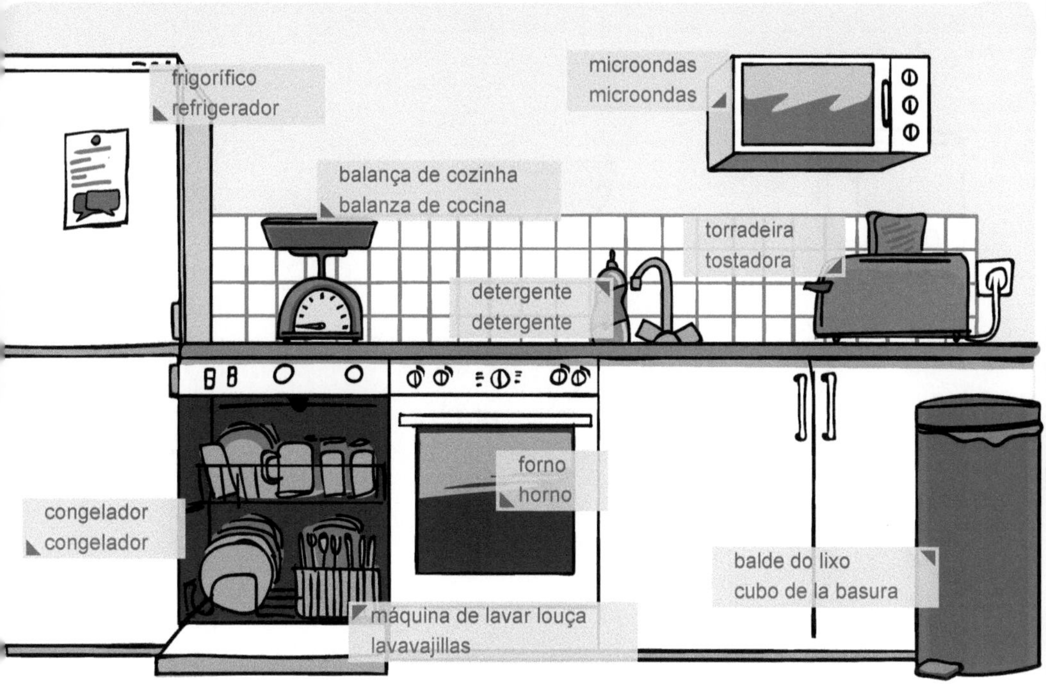

frigorífico
refrigerador

microondas
microondas

balança de cozinha
balanza de cocina

torradeira
tostadora

detergente
detergente

congelador
congelador

forno
horno

balde do lixo
cubo de la basura

máquina de lavar louça
lavavajillas

fogão
olla a presión

panela
olla

panela de ferro
olla de hierro fundido

wok / kadai
wok / karahi

frigideira
cazuela

chaleira
hervidor

panela a vapor

vaporera

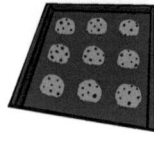

tabuleiro de forno

chapa de horno

louça

vajilla

caneca

taza

tigela

tazón

pauzinhos

palillos

concha de sopa

cucharón

espátula

espumadera

batedor de claras

batidor

escorredor

colador

peneira

cedazo

ralador

rallador

almofariz

mortero

churrasqueira

barbacoa

lareira

hoguera

tábua de cortar

tabla de picar

rolo da massa

rodillo

saca-rolhas

sacacorchos

lata

lata

abridor de latas

abrelatas

luvas de forno

agarrador

lava-loiça

lavabo

escova

cepillo

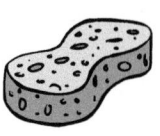

esponja

esponja

liquidificador

batidora

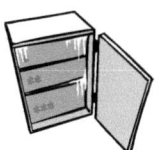

arca frigorífica

congelador

biberão

biberón

torneira

grifo

casa de banho

cuarto de baño

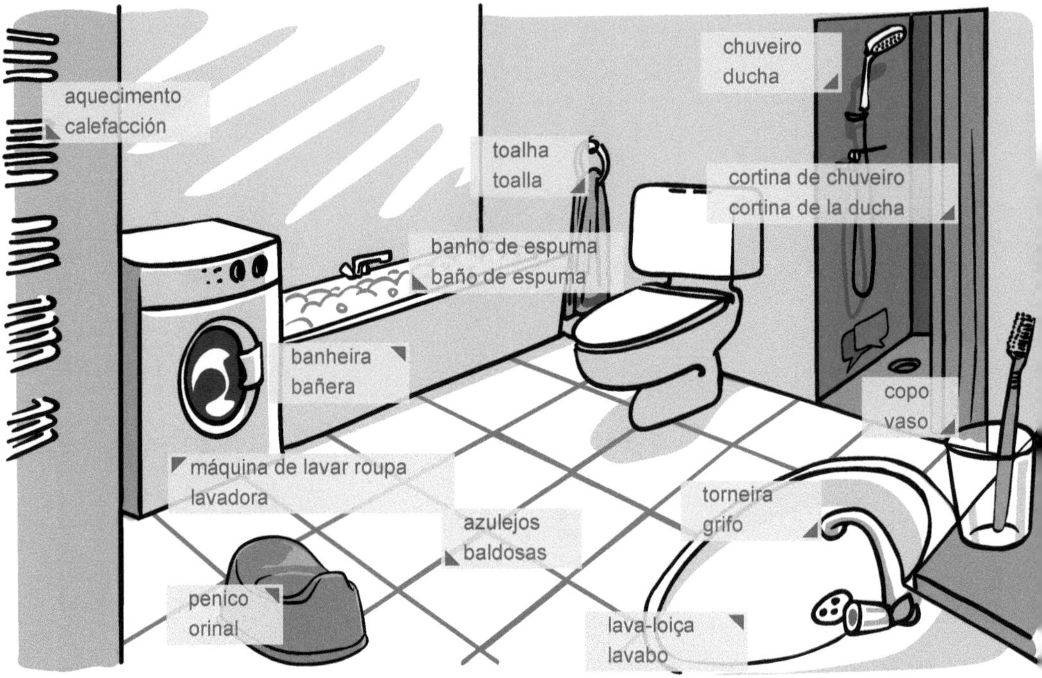
chuveiro
ducha
aquecimento
calefacción
toalha
toalla
cortina de chuveiro
cortina de la ducha
banho de espuma
baño de espuma
banheira
bañera
copo
vaso
máquina de lavar roupa
lavadora
torneira
grifo
azulejos
baldosas
penico
orinal
lava-loiça
lavabo

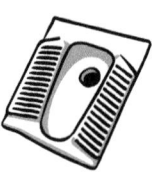

sanita

inodoro

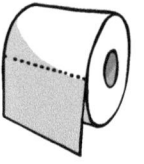

retrete turca

inodoro rústico

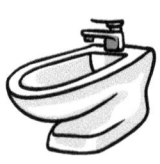

bidé

bidé

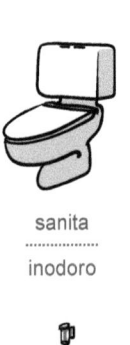

urinol

urinario

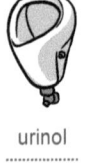

papel higiénico

papel higiénico

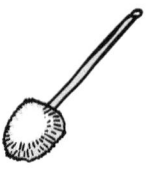

piaçaba

escobilla del váter

escova de dentes

cepillo de dientes

pasta de dentes

pasta de dientes

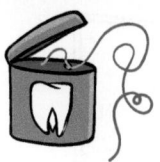

fio dentário

hilo dental

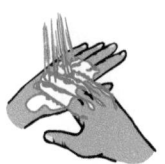

lavar

lavar

chuveiro de mão

ducha de mano

duche íntimo

ducha íntima

bacia

pila

escova para as costas

cepillo de espalda

sabonete

jabón

gel de banho

gel de ducha

champô

champú

toalha de rosto

toallita

escoamento

desagüe

creme

crema

desodorizante

desodorante

espelho
espejo

espelho de mão
espejo de tocador

máquina de barbear
maquinilla de afeitar

creme de barbear
espuma de afeitar

loção pós-barba
loción postafeitado

pente
peine

escova
cepillo

secador de cabelo
secador

spray de cabelo
laca

maquilhagem
maquillaje

batom
pintalabios

verniz de unhas
pintauñas

algodão
algodón

tesoura para unhas
cortauñas

perfume
perfume

nécessaire
estuche de viaje

tamborete
banqueta

balança
balanza

roupão de banho
albornoz

luvas de borracha
guantes de goma

tampão
tampón

penso higiénico
compresa

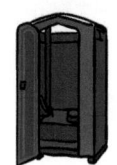

WC químico
inodoro químico

quarto de criança
habitación de los niños

despertador
despertador
peluche
peluche
carro de brincar
coche de juguete
chocalho
sonajero
casa de bonecas
casa de muñecas
presente
regalo

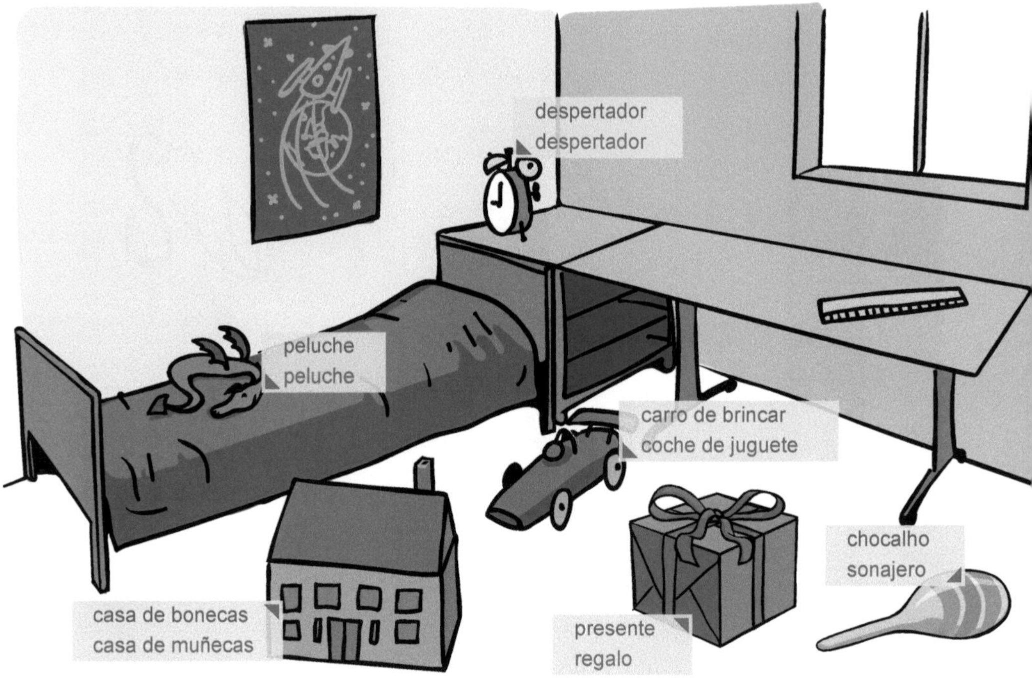

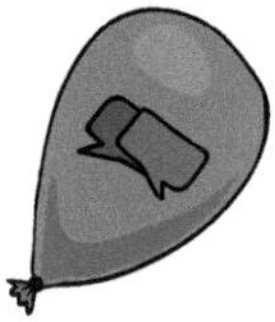

balão

globo

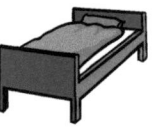

cama

cama

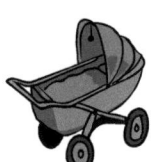

carrinho de bebé

coche de niño

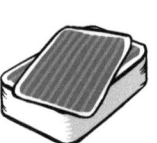

jogo de cartas

naipes

quebra-cabeças

puzle

SUPER
MEGA

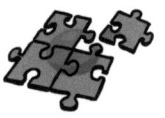

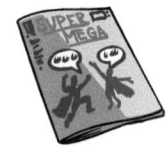

banda desenhada

tebeo

peças de Lego

piezas de lego

blocos de construção

bloques de juguete

figura de ação

figura de acción

fato de bebé

bodi (de bebé)

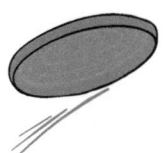

Frisbee

frisbee

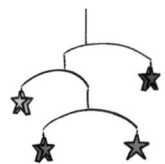

móbile para bebé

colgador móvil para bebés

jogo de tabuleiro

juego de mesa

dados

dados

pista de comboio elétrico

circuito de tren eléctrico

chupeta

maniquí

festa

fiesta

livro ilustrado

álbum de fotos

bola

pelota

boneca

muñeca

jogar

jugar

caixa de areia

cajón de arena

baloiço

columpio

brinquedos

juguetes

consola de jogos

videoconsola

triciclo

triciclo

ursinho de peluche

oso de peluche

guarda-roupa

guardarropa

vestuário

ropa

meias

calcetines

meias pelo joelho

medias

meias-calças

leotardos

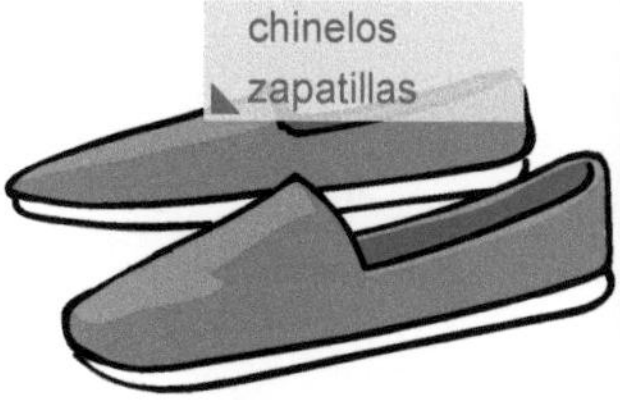

cachecol
bufanda

guarda-chuva
paraguas

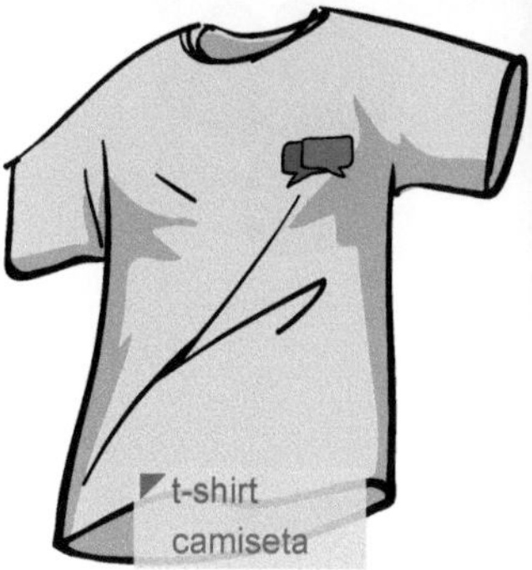

t-shirt
camiseta

cinto
cinturón

botas
botas

chinelos
zapatillas

sapatilhas
deportivas

sandálias
....
sandalias

sapatos
....
zapatos

botas de borracha
....
botas de goma

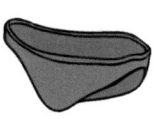

cuecas
....
slip

sutiã
....
sostén

camisola interior
....
chaleco

body
········
bodi

calças
········
pantalones

calças de ganga
········
vaqueros

saia
········
falda

blusa
········
blusa

camisa
········
camisa

pulôver
········
jersey

camisola com capuz
········
suéter

blazer
········
blazer

casaco
········
chaqueta

manto
········
abrigo

gabardina
········
gabardina

traje
········
traje

vestido
········
vestido

vestido de casamento
········
vestido de novia

fato
....
traje

camisa de dormir
....
camisón

pijama
....
pijama

sari
....
sari

lenço de cabeça
....
bandana

turbante
....
turbante

burca
....
burka

cafetã
....
caftán

abaya
....
abaya

fato de banho
....
traje de baño

calções de banho
....
bañador

calções
....
pantalones cortos

fato de treino
....
chándal

avental
....
delantal

luvas
....
guantes

botão
botón

óculos
gafas

pulseira
brazalete

colar
collar

anel
anillo

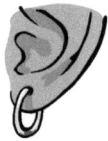

brinco
pendiente

boné
gorra

cabide
percha

chapéu
sombrero

gravata
corbata

fecho de correr
cremallera

capacete
casco

suspensórios
tirantes

uniforme escolar
uniforme escolar

uniforme
uniforme

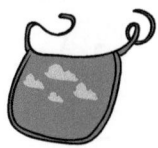

babete

babero

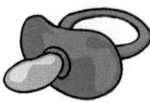

chupeta

maniquí

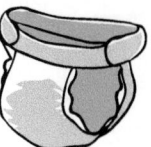

fralda

pañal

escritório
oficina

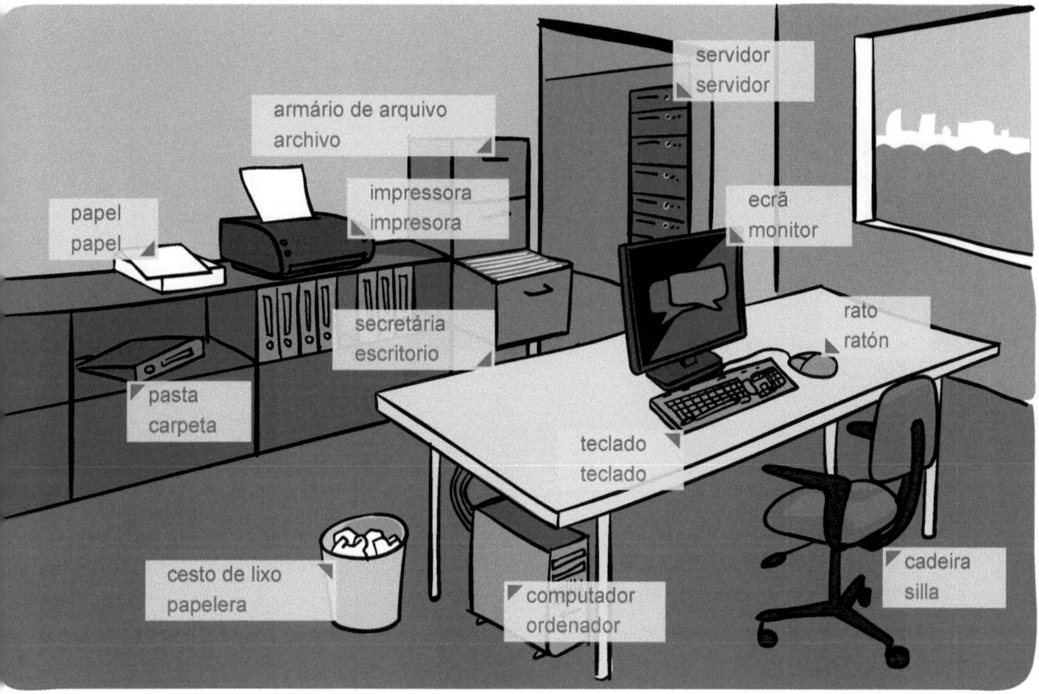
servidor
servidor
armário de arquivo
archivo
papel
papel
impressora
impresora
ecrã
monitor
rato
ratón
secretária
escritorio
pasta
carpeta
teclado
teclado
cesto de lixo
papelera
cadeira
silla
computador
ordenador

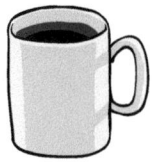

caneca de café

taza de café

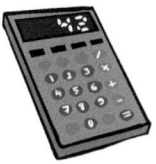

calculadora

calculadora

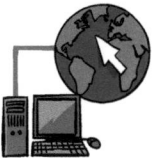

internet

internet

computador portátil

portátil

carta

carta

mensagem

mensaje

telemóvel

móvil

rede

red

fotocopiadora

fotocopiadora

software

software

telefone

teléfono

tomada elétrica

toma de corriente

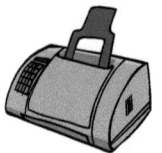

fax

fax

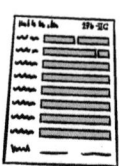

formulário

formulario

documento

documento

comprar
comprar

pagar
pagar

negociar
comerciar

dinheiro
dinero

USD

dólar
dólar

EUR

euro
euro

JPY

yen
yen

RUB

rublo
rublo

CHF

franco suíço
franco suizo

CNY

renminbi yuan
renminbi yuan

INR

rupia
rupia

caixa de multibanco
cajero automático

casa de câmbio

oficina de cambio de divisas

ouro

oro

prata

plata

petróleo

petróleo

energia

energía

preço

precio

contrato

contrato

imposto

impuesto

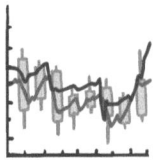

ação

acción

trabalhar

trabajar

empregado

empleado

entidade patronal

empleador

fábrica

fábrica

loja

tienda

profissões
oficios

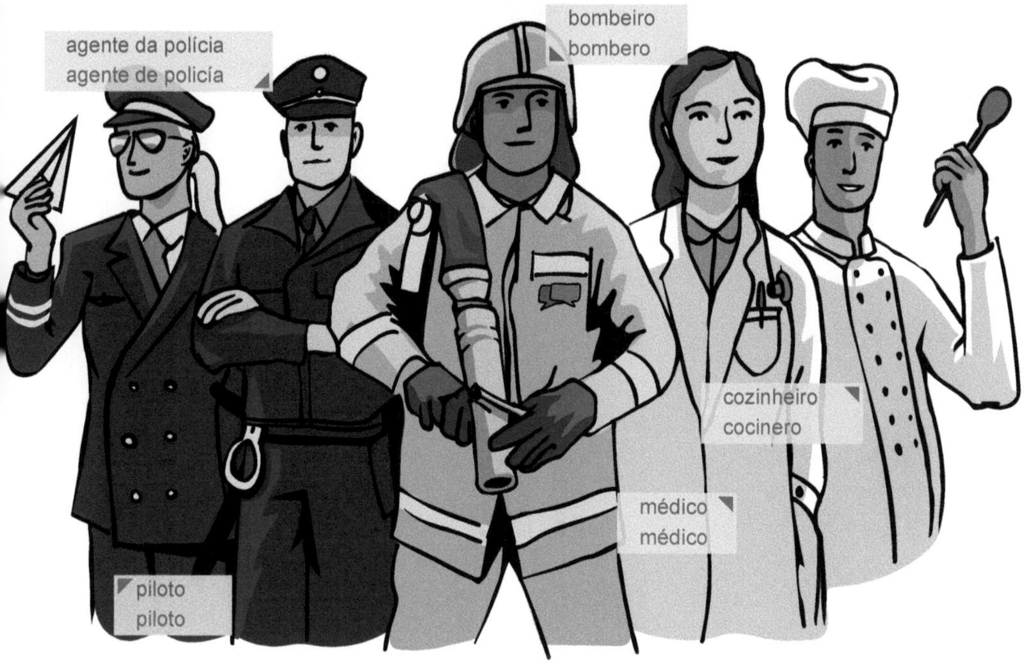

agente da polícia
agente de policía
bombeiro
bombero
cozinheiro
cocinero
médico
médico
piloto
piloto

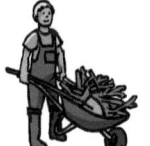

jardineiro
jardinero

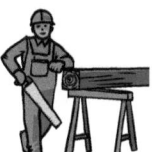

carpinteiro
carpintero

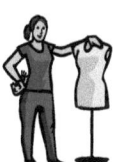

costureira
costurera

juiz
juez

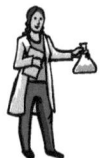

químico
farmacéutico

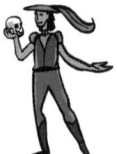

ator
actor

motorista de autocarro

conductor de autobús

motorista de táxi

taxista

pescador

pescador

empregada de limpeza

señora de la limpieza

telhador

techador

empregado de mesa

camarero

caçador

cazador

pintor

pintor

padeiro

panadero

eletricista

electricista

construtor

obrero

engenheiro

ingeniero

talhante

carnicero

canalizador

fontanero

carteiro

cartero

soldado

soldado

arquiteto

arquitecto

caixa

cajero

florista

florista

cabeleireiro

peluquero

controlador de bilhetes

revisor

mecânico

mecánico

capitão

capitán

dentista

dentista

cientista

científico

rabino

rabino

imã

imán

monge

monje

pastor

sacerdote

ferramentas
herramientas

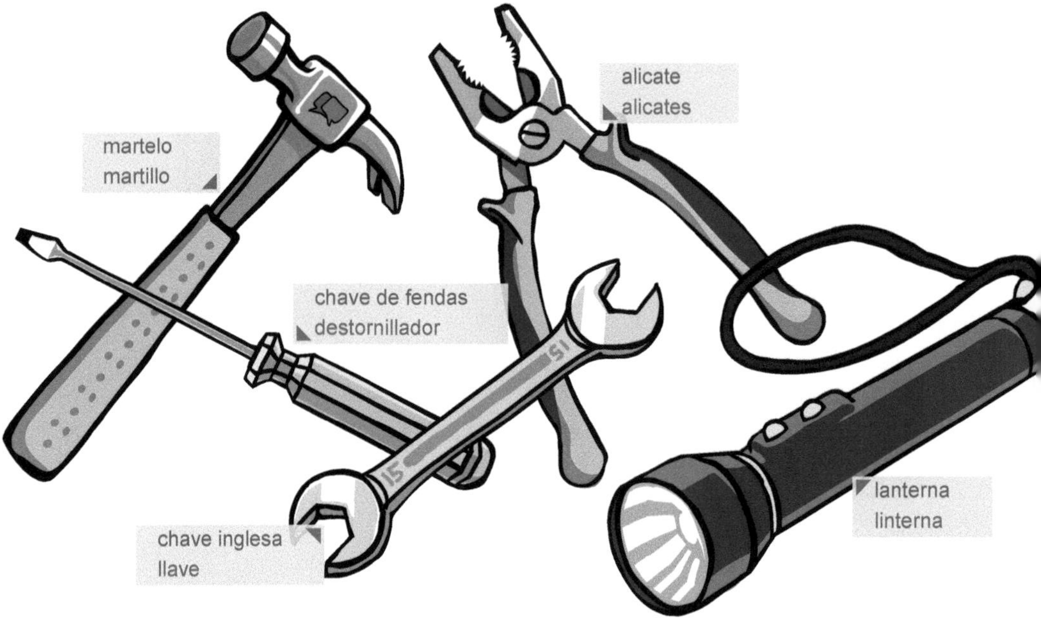

martelo
martillo
alicate
alicates
chave de fendas
destornillador
chave inglesa
llave
lanterna
linterna

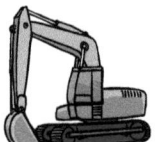

escavadora

excavadora

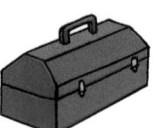

caixa de ferramentas

caja de herramientas

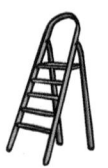

escadote

escalera de mano

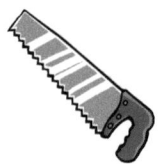

serra

sierra

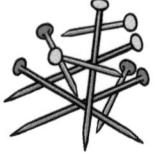

pregos

clavos

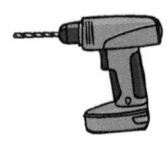

broca

taladro

reparar
reparar

pá
pala

porcaria!
¡Maldita sea!

pá de lixo
recogedor

pote de tinta
bote de pintura

parafusos
tornillos

instrumentos musicais
instrumentos musicales

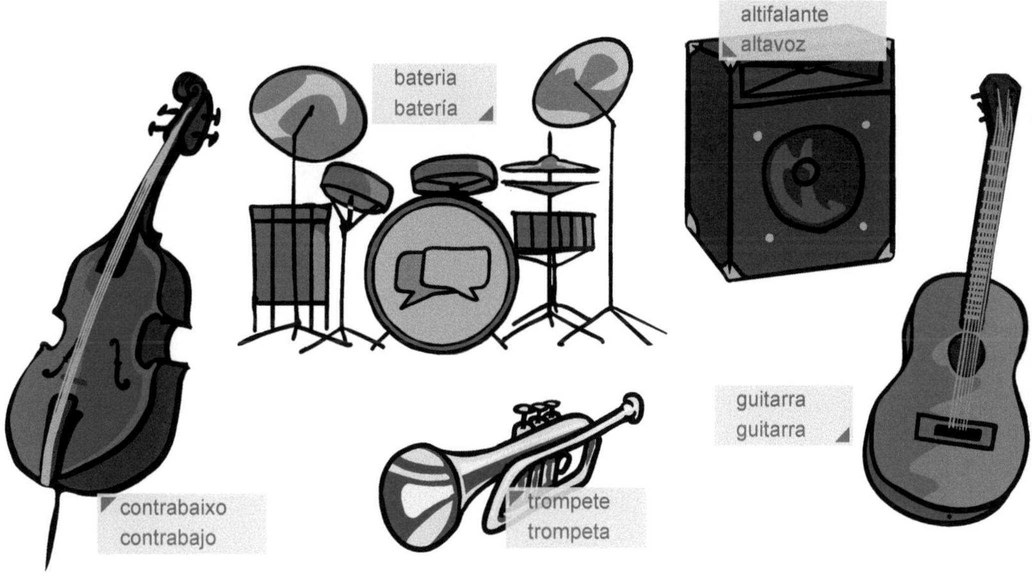

altifalante
altavoz

bateria
batería

guitarra
guitarra

contrabaixo
contrabajo

trompete
trompeta

piano

piano

violino

violín

baixo

bajo

timbales

timbales

tambor

tambor

teclado

teclado

saxofone

saxofón

flauta

flauta

microfone

micrófono

jardim zoológico

zoo

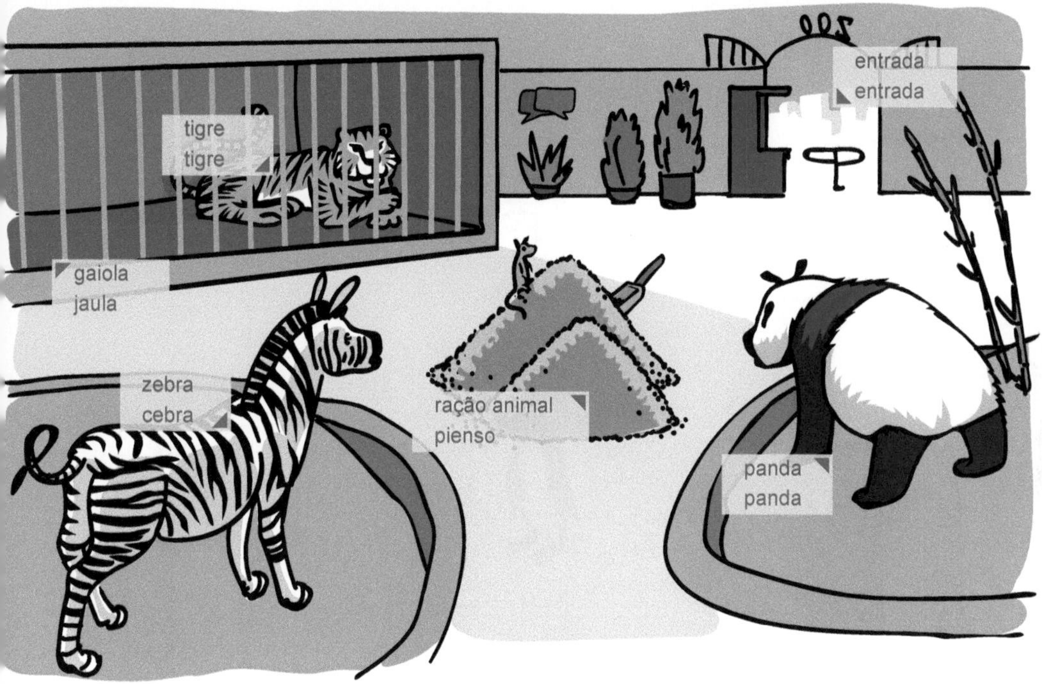

tigre
tigre
entrada
entrada
gaiola
jaula
zebra
cebra
ração animal
pienso
panda
panda

animais

animales

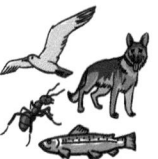

elefante

elefante

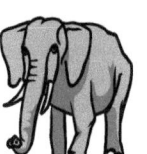

canguru

canguro

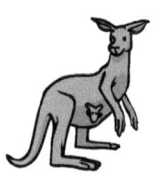

rinoceronte

rinoceronte

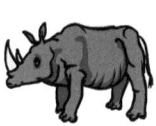

gorila

gorila

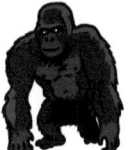

urso

oso

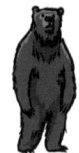

camelo
camello

avestruz
avestruz

leão
león

macaco
mono

flamingo
flamingo

papagaio
loro

urso polar
oso polar

pinguim
pingüino

tubarão
tiburón

pavão
pavo real

cobra
serpiente

crocodilo
cocodrilo

guarda do jardim zoológico
guardián de zoológico

foca
foca

jaguar
jaguar

pónei

poni

leopardo

leopardo

hipopótamo

hipopótamo

girafa

jirafa

águia

águila

javali

jabalí

peixe

pescado

tartaruga

tortuga

morsa

morsa

raposa

zorro

gazela

gacela

futebol americano
fútbol americano

ciclismo
ciclismo

ténis
tenis

basquetebol
baloncesto

natação
natación

boxe
boxeo

hóquei no gelo
hockey sobre hielo

futebol
fútbol

badminton
bádminton

atletismo
atletismo

andebol
balonmano

esqui
esquí

polo
polo

atividades
actividades

rir
reír
saltar
saltar
abraçar
abrazar
andar
caminar
cantar
cantar
sonhar
soñar
rezar
rezar
beijar
besar

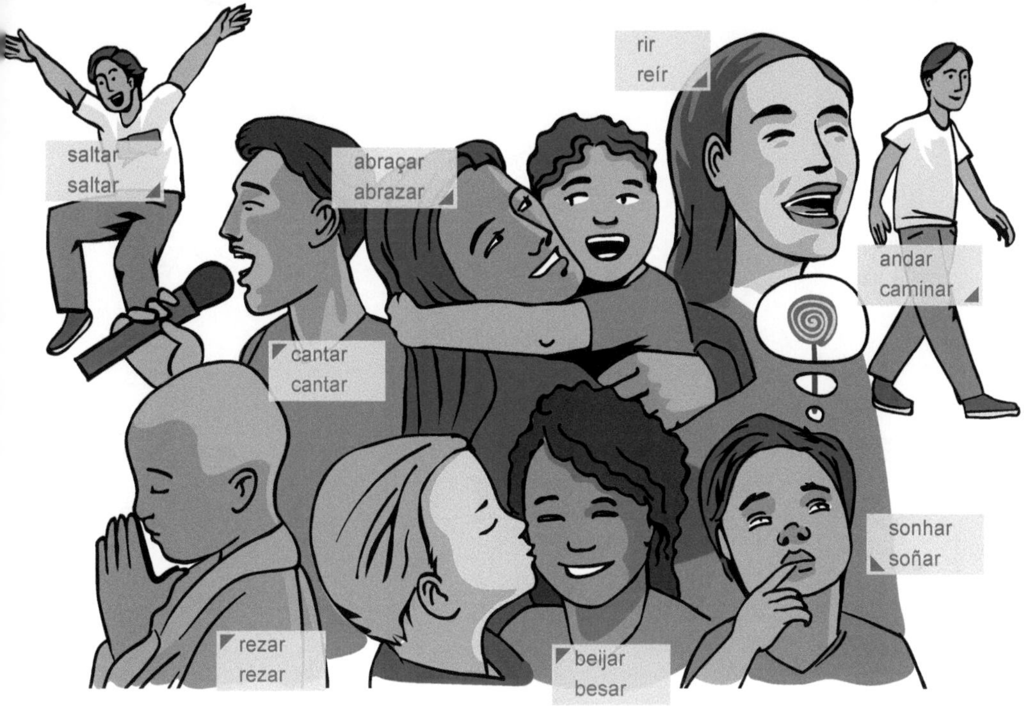

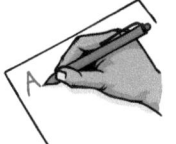

escrever
escribir

desenhar
dibujar

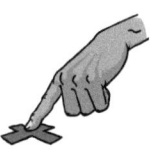

mostrar
mostrar

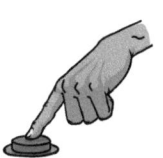

empurrar
empujar

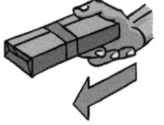

dar
dar

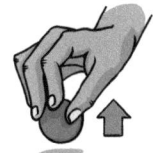

tomar
tomar

ter
tener

fazer
hacer

ser
ser

ficar de pé
estar de pie

correr
correr

puxar
tirar

remessar
tirar

cair
caer

deitar
yacer

esperar
esperar

carregar
llevar

sentar
estar sentado

vestir
vestirse

dormir
dormir

acordar
despertar

olhar para
....
mirar

chorar
....
llorar

acariciar
....
acariciar

pentear
....
peinar

falar
....
hablar

compreender
....
entender

perguntar
....
preguntar

ouvir
....
escuchar

beber
....
beber

comer
....
comer

arrumar
....
ordenar

amar
....
amar

cozinhar
....
cocinar

conduzir
....
conducir

voar
....
volar

velejar
navegar

calcular
calcular

ler
leer

aprender
aprender

trabalhar
trabajar

casar
casarse

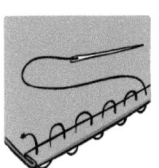

costurar
coser

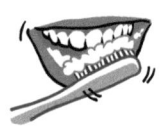

escovar os dentes
cepillarse los dientes

matar
matar

fumar
fumar

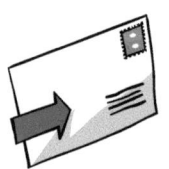

enviar
enviar

avó
abuela

avô
abuelo

pai
padre

mãe
madre

bebé
bebé

filha
hija

filho
hijo

convidado

invitado

tia

tía

tio

tío

irmão

hermano

irmã

hermana

corpo
cuerpo

testa
frente
olho
ojo
ombro
hombro
dedo
dedo
cara
cara
queixo
barbilla
mão
mano
peito
pecho
perna
pierna
braço
brazo

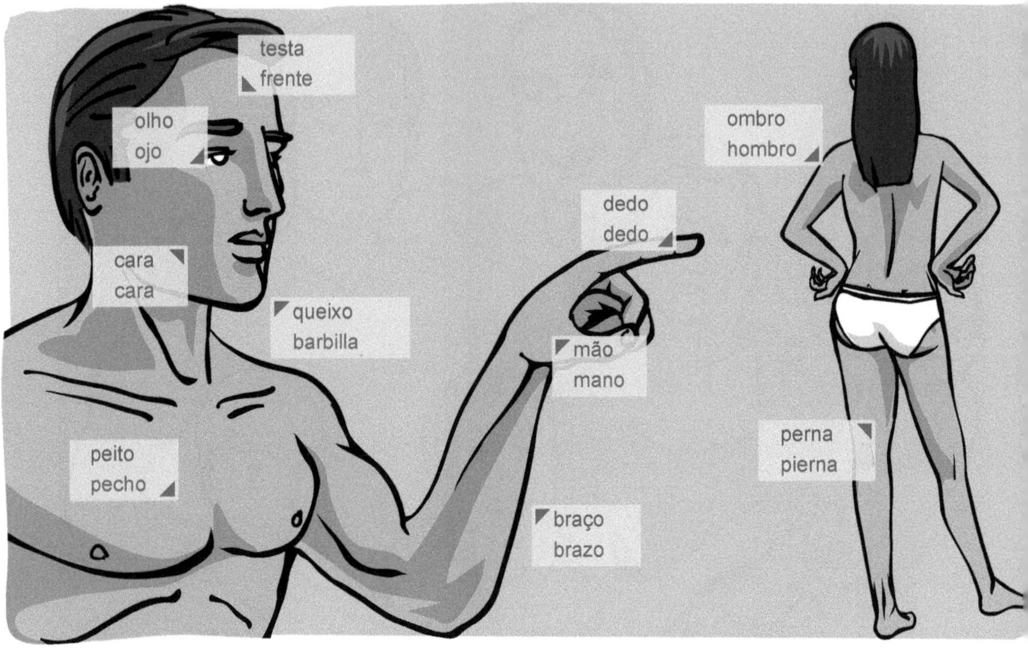

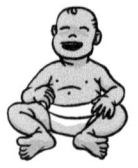

bebé
bebé

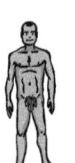

homem
hombre

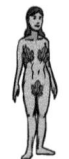

mulher
mujer

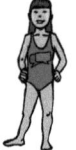

menina
chica

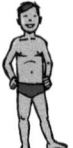

menino
chico

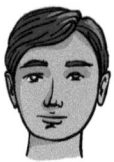

cabeça
cabeza

costas
espalda

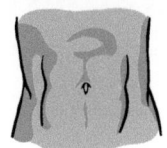

barriga
vientre

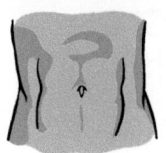

umbigo
ombligo

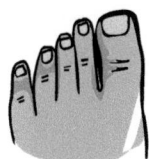

dedo do pé
dedo del pie

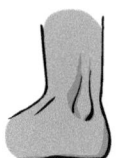

calcanhar
talón

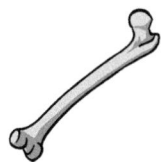

osso
hueso

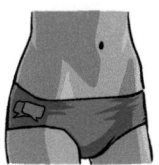

anca
cadera

joelho
rodilla

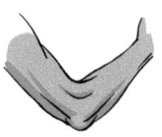

cotovelo
codo

nariz
nariz

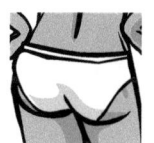

nádegas
trasero

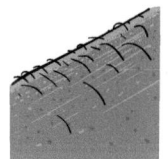

pele
piel

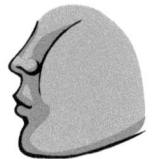

bochecha
mejilla

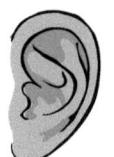

orelha
oído

lábio
labio

boca
boca

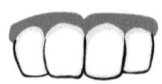

dente
diente

língua
lengua

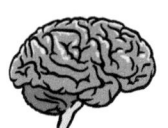

cérebro
cerebro

coração
corazón

músculo
músculo

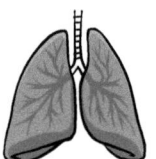

pulmão
pulmón

fígado
hígado

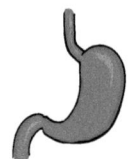

estômago
estómago

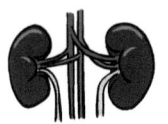

rins
riñones

relações sexuais
sexo

preservativo
condón

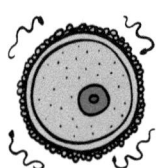

óvulo
ovario

esperma
semen

gravidez
embarazo

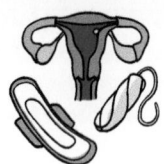

menstruação

menstruación

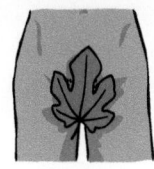

vagina

vagina

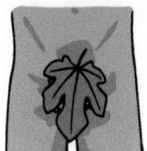

pénis

pene

sobrancelha

ceja

cabelo

pelo

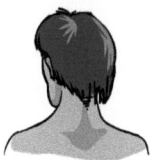

pescoço

cuello

hospital
hospital

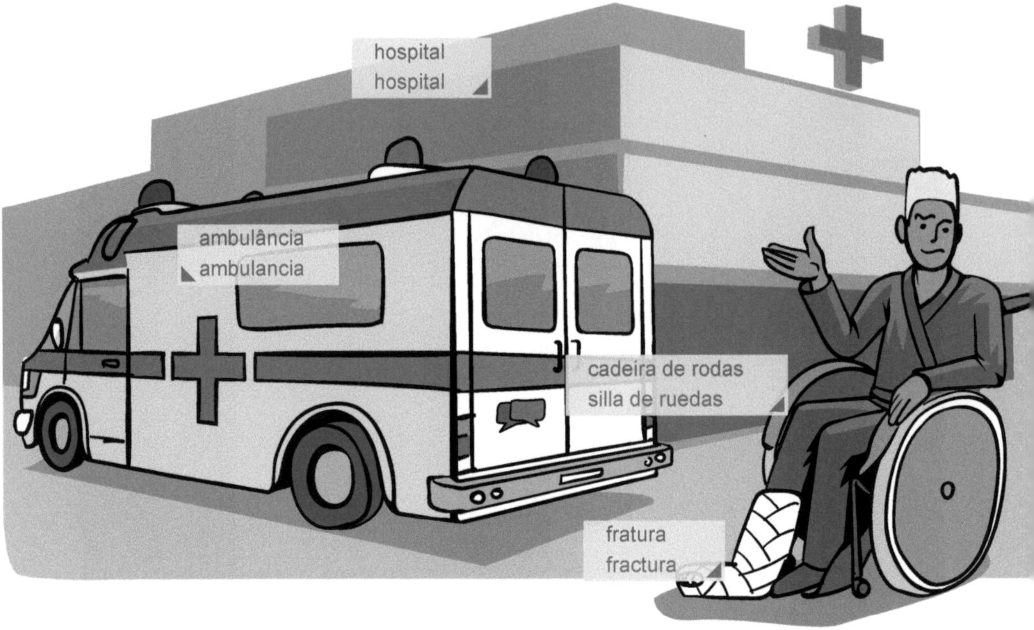

hospital
hospital
ambulância
ambulancia
cadeira de rodas
silla de ruedas
fratura
fractura

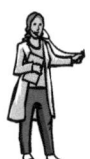

médico
médico

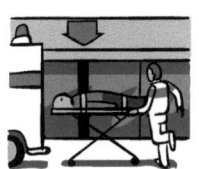

serviço de urgências
sala de urgencias

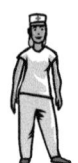

enfermeira
enfermera

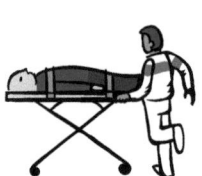

emergência
urgencia

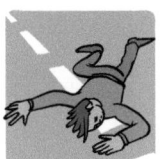

inconsciente
inconsciente

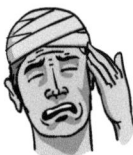

dor
dolor

ferimento

lesión

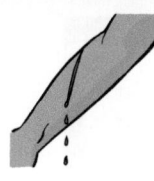

hemorragia

hemorragia

ataque cardíaco

infarto

acidente vascular cerebral

ictus

alergia

alergia

tosse

tos

febre

fiebre

gripe

gripe

diarreia

diarrea

dor de cabeça

dolor de cabeza

cancro

cáncer

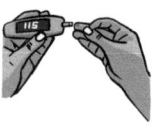

diabetes

diabetes

cirurgião

cirujano

bisturi

bisturí

operação

operación

CT
TAC

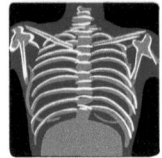

raio x
rayos x

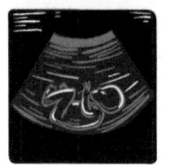

ultrassom
ultrasonido

máscara
mascarilla

doença
enfermedad

sala de espera
sala de espera

muleta
muleta

penso rápido
tirita

ligadura
venda

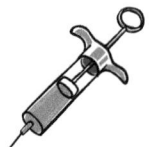

injeção
inyección

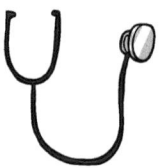

estetoscópio
estetoscopio

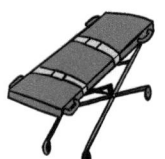

maca
camilla

termómetro
termómetro

nascimento
nacimiento

excesso de peso
sobrepeso

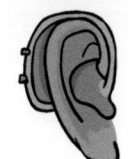

aparelho auditivo

audífono

desinfetante

desinfectante

infeção

infección

vírus

virus

HIV / SIDA

VIH / SIDA

medicamento

medicina

vacinação

vacunación

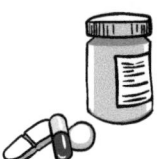

comprimidos

tabletas

pílula

pastilla

chamada de emergência

llamada de urgencia

dispositivo de medição de
pressão arterial

tensiómetro

doente / saudável

enfermo / sano

Socorro!

¡Socorro!

alarme

alarma

assalto

asalto

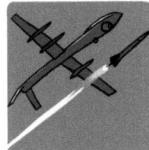

ataque

ataque

perigo

peligro

saída de emergência

salida de emergencia

Fogo!

¡Fuego!

extintor de incêndios

extintor de incendios

acidente

accidente

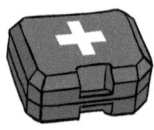

estojo de primeiros socorros

botiquín de primeros auxilios

SOS

SOS

polícia

policía

Europa

Europa

América do Norte

Norteamérica

América do Sul

Sudamérica

África

África

Ásia

Asia

Austrália

Australia

Atlântico

Atlántico

Pacífico

Pacífico

Oceano Índico

Océano Índico

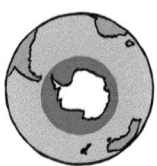

Oceano Antártico

Océano Antártico

Oceano Ártico

Océano Ártico

Polo Norte

polo norte

Polo Sul

polo sur

Antártica

Antártida

terra

tierra

país

tierra

mar

mar

ilha

isla

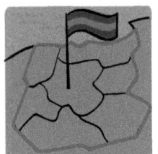

nação

nación

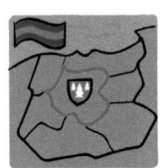

estado

estado

mostrador do relógio

esfera

ponteiro das horas

manecilla de las horas

ponteiro dos minutos

minutero

ponteiro dos segundos

segundero

Que horas são?

¿Qué hora es?

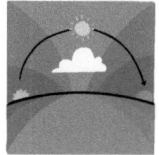

dia

día

tempo

tiempo

agora

ahora

relógio digital

reloj digital

minuto

minuto

hora

hora

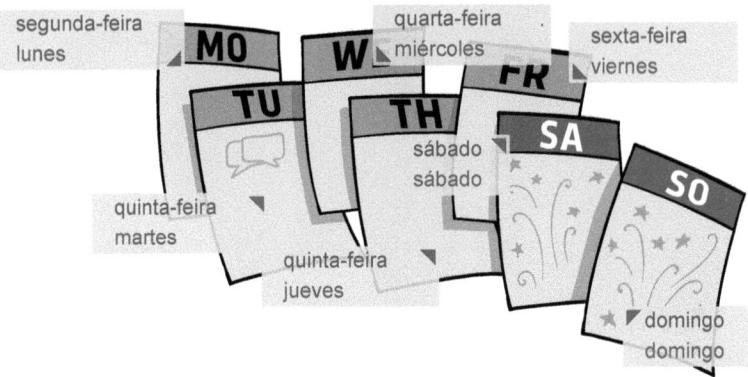

segunda-feira
lunes

quarta-feira
miércoles

sexta-feira
viernes

quinta-feira
martes

quinta-feira
jueves

sábado
sábado

domingo
domingo

ontem
ayer

hoje
hoy

amanhã
mañana

manhã
mañana

meio-dia
mediodía

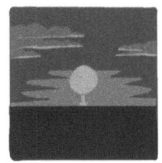

entardecer
tarde

MO	TU	WE	TH	FR	SA	SU
1	2	3	4	5	6	7
8	9	10	11	12	13	14
15	16	17	18	19	20	21
22	23	24	25	26	27	28
29	30	31	1	2	3	4

dias úteis
días laborables

MO	TU	WE	TH	FR	SA	SU
1	2	3	4	5	6	7
8	9	10	11	12	13	14
15	16	17	18	19	20	21
22	23	24	25	26	27	28
29	30	31	1	2	3	4

fim de semana
fin de semana

ano

año

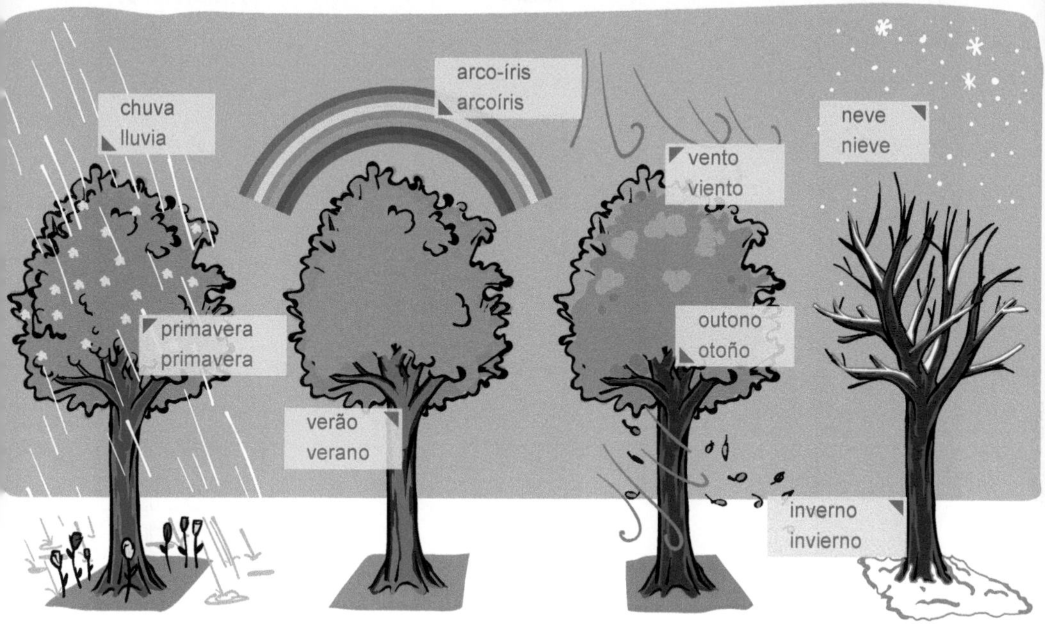
chuva
lluvia
arco-íris
arcoíris
vento
viento
neve
nieve
primavera
primavera
verão
verano
outono
otoño
inverno
invierno

4.APRIL 11°
5.APRIL 4°
6.APRIL 13°
7.APRIL 8°
8.APRIL 10°

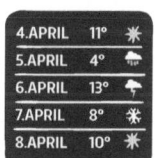

previsão do tempo

pronóstico del tiempo

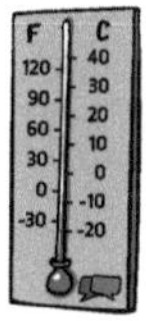
F C
120 40
90 30
60 20
30 10
0 0
-30 -10
-20

termómetro

termómetro

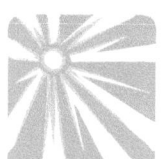

raios de sol

sol

nuvem

nube

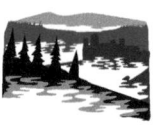

neblina / nevoeiro

niebla

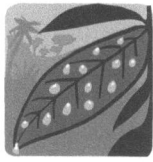

humidade do ar

humedad

relâmpago

rayo

trovão

trueno

tempestade

tormenta

granizo

granizo

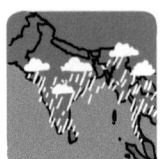

monção

monzón

inundação

inundación

gelo

hielo

janeiro

enero

fevereiro

febrero

março

marzo

abril

abril

maio

mayo

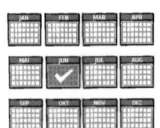

junho

junio

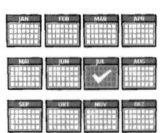

julho

julio

agosto

agosto

setembro
septiembre

outubro
octubre

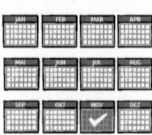

novembro
noviembre

dezembro
diciembre

formas

círculo
círculo

quadrado
cuadrado

retângulo
rectángulo

triângulo
triángulo

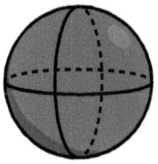

esfera
esfera

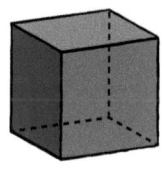

cubo
cubo

branco
....
blanco

amarelo
....
amarillo

laranja
....
anaranjado

rosa
....
rosa

vermelho
....
rojo

lilás
....
morado

azul
....
azul

verde
....
verde

castanho
....
marrón

cinzento
....
gris

preto
....
negro

muito / pouco

mucho / poco

furioso / calmo

enojado / tranquilo

lindo / feio

bonito / feo

princípio / fim

principio / fin

grande / pequeno

grande / pequeño

claro / escuro

claro / oscuro

irmão / irmã

hermano / hermana

limpo / sujo

limpio / sucio

completo / incompleto

completo / incompleto

dia / noite

día / noche

morto / vivo

muerto / vivo

largo / estreito

ancho / estrecho

comestível / não comestível

comestible / no comestible

mau / gentil

malo / amable

entusiasmado / entediado

entusiasmado / aburrido

gordo / magro

gordo / delgado

primeiro / último

primero / último

amigo / inimigo

amigo / enemigo

cheio / vazio

lleno / vacío

duro / macio

duro / blando

pesado / leve

pesado / ligero

fome / sede

hambre / sed

doente / saudável

enfermo / sano

ilegal / legal

ilegal / legal

inteligente / burro

inteligente / tonto

esquerda / direita

izquierda / derecha

perto / longe

cerca / lejos

novo / usado

nuevo / usado

nada / algo

nada / algo

velho / jovem

viejo / joven

ligado / desligado

encendido / apagado

aberto / fechado

abierto / cerrado

baixo / alto

silencioso / ruidoso

rico / pobre

rico / pobre

certo / errado

correcto / incorrecto

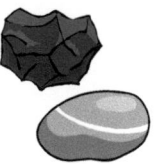

áspero / liso

áspero / suave

triste / feliz

triste / contento

curto / longo

corto / largo

lento / rápido

lento / rápido

molhado / seco

húmedo / seco

ameno / fresco

cálido / frío

guerra / paz

guerra / paz

0

zero

cero

1

um

uno

2

dois

dos

3

três

tres

4

quatro

cuatro

5

cinco

cinco

6

seis

seis

7

sete

siete

8

oito

ocho

9

nove

nueve

10

dez

diez

11

onze

once

12

doze
doce

13

treze
trece

14

catorze
catorce

15

quinze
quince

16

dezasseis
dieciséis

17

dezassete
diecisiete

18

dezoito
dieciocho

19

dezanove
diecinueve

20

vinte
veinte

100

cem
cien

1.000

mil
mil

1.000.000

milhão
millón

idiomas

inglês

inglés

inglês americano

inglés americano

chinês mandarim

chino mandarín

hindi

hindi

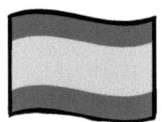

espanhol

español

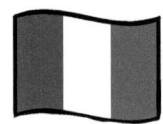

francês

francés

árabe

árabe

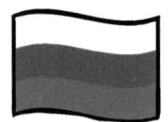

russo

ruso

português

portugués

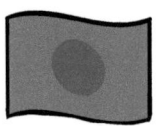

bengalês

bengalí

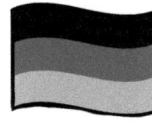

alemão

alemán

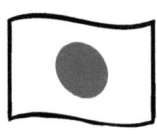

japonês

japonés

eu
yo

tu
tú

ele / ela
él / ella / ello

nós
nosotros/as

vós
vosotros/as

eles / elas
ellos/as

quem?
¿quién?

o quê?
¿qué?

como?
¿cómo?

onde?
¿dónde?

quando?
¿cuándo?

nome
nombre

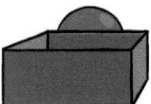

atrás
....
detrás

em
....
en

à frente de
....
delante de

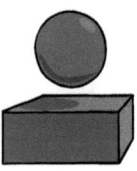

sobre
....
por encima de

em cima
....
sobre

debaixo
....
debajo de

ao lado
....
junto a

entre
....
entre

lugar
....
lugar